AF582108

NOTE

SUR LE

Traité Historique des Etats de Bretagne

DE

L'Abbé G.-M. du BREIL de PONTBRIAND

BIBLIOTHÈQUE NATIONALE RF IMPRIMÉS

L'abbé de Pontbriand (1698-1767) fut au XVIIIe siècle un « personnage de second plan » ; son nom et ses œuvres sont aujourd'hui oubliés. Il joua un rôle important dans l'administration de la Bretagne, mais l'histoire administrative de la province a été jusqu'ici à peine étudiée ; il entreprit de rédiger une histoire des Etats, mais son œuvre inachevée est demeurée inédite. Aussi, quoique des notices lui aient été consacrées dans des dictionnaires biographiques et dans des publications généalogiques, le souvenir de l'abbé de Pontbriand que l'on a parfois confondu avec deux de ses frères et avec un de ses cousins, est presque complètement tombé dans l'oubli. Il paraît utile d'appeler l'attention des historiens sur son *Traité historique* qui, tout inachevé qu'il soit, constitue cependant le travail le plus important qui ait été consacré à l'organisation et à l'administration des Etats de 1567 à 1765.

Guillaume-Marie du Breil de Pontbriand naquit à Dinan le 31 janvier 1698 ; il était un des nombreux enfants de Joseph-Yves du Breil, comte de Pontbriand (1670-1710), et de Marie-Angélique-Sylvie Marot de la Garaye (1678-1732) ; la biographie de sa très vertueuse et très charitable mère a été plusieurs fois écrite : après avoir élevé ses enfants, elle se consacra au soin des pauvres et des malades, d'abord à Saumur, puis à l'hôpital de Josselin. Plusieurs de ses enfants s'illustrèrent par leur piété et leur charité : René-François fut le fondateur ou le restaurateur de l'œuvre des Petits-Savoyards ; Henri-François fut le dernier évêque du Canada français ; trois filles furent religieuses de la Visitation. Notons encore qu'un de leurs cousins, R.-F.-M. du Breil de Pontbriand, ancien vicaire général de Cahors, concourut par un don de 10.000 livres à la fondation du collège de Dinan. Cette famille était bien en cour, ainsi que l'attestent les nombreuses abbayes dont elle fut gratifiée ; mais, à la différence de beaucoup de leurs collègues, les Pontbriand, abbés commendataires de Saint-Marien d'Auxerre, de Méobec, de Theulley, de Lanvaux, firent toujours un utile et religieux usage des revenus de leurs bénéfices (1).

La plus grande partie de la vie de G.-M. du Breil de Pontbriand s'écoula à Rennes, quoique sur la fin de ses jours il eût un appartement à Paris (2). Il fut nommé chanoine le 11 août 1728, grand chantre et vicaire général de l'évêque de Rennes en 1732, et abbé commendataire de Lanvaux en 1735 ; il mourut dans sa maison prébendale le 6 avril 1767. C'était un esprit curieux et ouvert ; dans sa jeunesse, il avait aimé la poésie et avait remporté en 1722 le prix de l'églantine d'argent aux jeux floraux de Toulouse ; plus tard il étudia des questions arides ou graves, publiant en 1751 de *Nouvelles vues sur le système de l'Univers* et en 1754 un *Essai de Grammaire française*. C'était aussi un bibliophile ou tout au moins un grand lecteur : les Archives d'Ille-et-Vilaine possèdent le catalogue imprimé de sa bibliothèque qui fut vendue à Paris du 20 au 31 juillet

(1) Sur l'abbé de Pontbriand et sa famille, voir Levot, *Biographie bretonne*, t. II, p. 635-636 ; Kerviler, *Bio-bibliographie*, t. VI, p. 221-223 ; *Histoire généalogique de la maison du Breil*, Rennes 1889, in-4°, p. 205-206, et supplément, p. 46 ; Vicomte du Breil de Pontbriand, *Vertu de nos pères*, Paris 1911, in-8°, p. 72-76.

(2) Cet appartement se trouvait « Rue du Sépulcre, vis-à-vis la cour du Dragon, maison de Cosson, sellier, près la Rue de Taranne. » Les Etats se firent représenter par Roux, avocat au conseil, à la levée des scellés, mais il ne semble pas que Roux ait trouvé de documents à revendiquer.

1767 (1). La liste comprend mille quatre numéros représentant au moins trois mille volumes. On rencontre souvent des catalogues de bibliothèque dans les inventaires après décès qui forment de si nombreuses liasses des fonds judiciaires conservés dans les dépôts départementaux, mais ces bibliothèques sont généralement pauvres et insignifiantes : il faut bien reconnaître que, sauf quelques avocats, les bretons du XVIIIe siècle lisaient peu. L'abbé de Pontbriand avait au contraire une magnifique bibliothèque à laquelle on ne pourrait comparer que celle du célèbre Poullain du Parc. Tous les genres y étaient représentés : la physique, l'histoire naturelle, les langues anglaise, italienne et bretonne aussi bien que les belles-lettres, l'astronomie, la jurisprudence, la théologie, les sciences et les arts. On y trouvait même des romans : *L'Astrée, Théagène et Cariclée, la Princesse de Clèves* y figuraient ainsi que beaucoup d'écrits de l'aimable XVIIIe siècle, tels que l'*Histoire de Rosalie d'Auffen, princesse de Bretagne, la Coquette punie ou le triomphe de l'Innocence sur la Perfidie, les Anecdotes politiques ou galantes de Samos et de Lacédémone*, etc., etc. Dans cette bibliothèque, les ouvrages sur l'histoire provinciale étaient relativement peu nombreux; l'abbé de Pontbriand possédait cependant tout ce qui avait paru sur la Bretagne : les œuvres de D'Argentré, Du Paz, Lobineau, Morice, Toussaint de Saint-Luc, Quiquer, Grégoire de Rostrenen, Le Pelletier, Hévin, Sauvageau. Il avait aussi recueilli les livres non historiques écrits par quelques rares bretons : Du Fail, Deslandes, Bougeant (2).

Mais G.-M. de Pontbriand n'était pas seulement « un

(1) Papiers Pontbriand, liasse 11, brochure in-8° de 66 pages. La vente fut faite sous la direction du libraire J. Gueudet.

(2) L'existence de ce trésor était connue ; aussi la mort de l'heureux possesseur éveilla-t-elle chez ses amis des sentiments que tous les bibliophiles comprendront : ils s'empressèrent d'écrire au libraire chargé de la vente pour demander les ouvrages qui manquaient à leurs collections. Ils offraient des prix qui paraissent aujourd'hui médiocres. Le président de Robien ne proposait que 7 à 8 livres pour l'*Histoire* de D'Argentré, 50 pour les œuvres de Dom Morice, 10 pour l'*Histoire généalogique* de Du Paz. (Papiers Pontbriand, 11e liasse).

homme de cabinet. » Pendant trente ans il fut un des membres les plus assidus de l'ordre du clergé aux Etats de Bretagne. Nous n'essayerons pas de le suivre au milieu des tumultueuses séances et des commissions plus tranquilles et plus laborieuses. Ce travail mériterait de tenter un historien : il serait intéressant de montrer l'activité d'un homme intelligent, instruit et dévoué, s'exerçant dans les domaines les plus variés et contribuant enfin à la création de l'œuvre la plus intéressante des Etats au XVIIIe siècle : la Commission intermédiaire, qui devait assurer la bonne administration de la province et la défense de ses intérêts pendant les dernières années de l'ancien régime. Enfin, il employa tous les loisirs que lui laissaient ses travaux administratifs à classer les archives et à écrire l'histoire des Etats de Bretagne.

Il n'existait au XVIIIe siècle aucun ouvrage consacré à l'histoire et à l'organisation de l'institution dont la Bretagne était si fière. L'histoire des Etats reposait dans les procès-verbaux et dans les archives qui étaient dans le plus complet désordre. La collection des procès-verbaux remontait à 1567 ; on ne pouvait trouver dans cette série, dépourvue de tables et d'inventaire, que les actes dont on connaissait la date ; il était presque impossible de consulter utilement l'énorme collection de dossiers concernant les affaires qui depuis deux siècles avaient été soumises aux Trois Ordres ou à leurs commissions. En 1622, on avait bien confié le soin de dresser l'inventaire des archives à un prêtre, Louis Odespung, qui avait la spécialité des travaux de ce genre, mais Odespung n'établit qu'un classement défectueux (1) ; de plus, les documents entrés au greffe après 1622, ne furent ni classés, ni inventoriés. Au XVIIIe siècle, les Etats mani-

(1) Arch. d'Ille-et-Vilaine, C. 2742. — Louis Odespung ou Odesping, Sr de la Meschinière, recteur de Moulins et de Retiers, au diocèse de Rennes, prieur de Pontrémy (même diocèse), et de l'île Tristan (diocèse de Quimper), doyen de Chinon, vicaire général de l'archevêque de Tours et official métropolitain en Bretagne, chanoine de Rennes, ne possédait pas encore tous ces titres et ces bénéfices lorsqu'il fut chargé de classer les archives des Etats. Ce travail lui valut une gratification de 800 l. (C. 2742, 2934). Il classa plus tard les archives du clergé de France et il édita les *Actes, titres et mémoires et autres choses concernant le clergé de France*. Paris, 1646, trois vol. in-f°.

festèrent plusieurs fois des velléités de faire régner l'ordre dans le greffe : ils accordèrent des gratifications aux greffiers ou à certains membres de l'Eglise et de la Noblesse, à charge de classer les archives. Les gratifiés eurent soin de toucher leurs gratifications mais ils négligèrent d'accomplir la mission dont ils avaient été chargés. Il fallut que le Roi notifiât aux Etats qu'aucune libéralité de ce genre ne serait dorénavant approuvée, pour qu'on s'occupât enfin, de façon décisive, de classer et de conserver ces titres si précieux pour toute la province. Le travail, très long et très difficile, fut accompli par l'abbé de Pontbriand, assisté de du Bouexic de Guichen et de F.-M. de la Landelle, qui rédigèrent un inventaire divisé en deux parties (1) :

1° Le Précis des délibérations, sorte de table analytique des procès-verbaux des séances de 1567 à 1732.

2° L'inventaire des papiers déposés au greffe. — Cet inventaire appartient à la catégorie que les archivistes qualifient de *méthodique.* Il existe, en effet, deux sortes d'inventaires. Les uns, non méthodiques, présentent l'analyse des documents dans l'ordre où l'auteur les a trouvés sur les rayons ; si le dépôt est en désordre, l'inventaire en donne la trop fidèle image. Un des types les plus curieux du genre est l'inventaire du Trésor des Chartes de Bretagne qui fut rédigé au XVIIe siècle sous la direction du président de Bourgneuf. Les layettes du Trésor étaient dans le plus invraisemblable désordre : une même liasse renfermait par exemple des pièces de procédure, des comptes, des bulles de Pape... Bourgneuf analysa les pièces dans le pêle-mêle où il les trouvait ; aussi, pour découvrir dans son inventaire les mentions concernant tel fait, tel personnage, telle localité, doit-on lire l'énorme volume depuis le commencement jusqu'à la fin (2).

(1) Archives d'Ille-et-Vilaine, C. 2744-2747. — Voir aussi le Précis des délibérations. C. 2705-2706.

(2) Des copies de l'*Inventaire de Bourgneuf* existent dans de nombreuses bibliothèques ; deux exemplaires se trouvent aux Archives d'Ille-et-Vilaine, série E. — M. L. Maître a donné à ce qui subsiste du Trésor des Chartes un classement méthodique et excellent, et a publié l'analyse des documents dans l'*Inventaire sommaire* des Archives civiles de la Loire-Inférieure, tome III, série E (Nantes, 1879, in-4°).

L'auteur d'un inventaire méthodique a soin de classer préalablement les documents ; il ne les analyse qu'après les avoir répartis en un certain nombre de divisions établies d'après un plan intelligent et logique. C'est ce que firent l'abbé de Pontbriand et ses amis. Le classement qu'ils établirent et l'inventaire qu'ils rédigèrent, ont formé la base de tout ce qui a été fait depuis cent ans pour faciliter aux travailleurs l'étude des archives des Etats de Bretagne. Nul doute que ce fut l'examen des documents originaux qui suggéra à Pontbriand l'idée d'écrire son *Traité historique*.

En 1754, il présenta à l'assemblée des Etats le plan de l'ouvrage et, à titre de spécimen, le chapitre II du livre IV (1) consacré aux Procureurs Généraux Syndics.

Ce plan était singulièrement vaste : il est permis de dire qu'il n'était pas très heureusement choisi. Parce qu'au cours de leur séculaire existence, les Etats avaient eu l'occasion de s'occuper des questions les plus diverses, l'auteur crut devoir réserver dans son œuvre un chapitre à chacune de ces questions. Qu'avait à faire cependant avec une véritable histoire des Etats, l'histoire de la primatie de Lyon, ou celle des juridictions seigneuriales, ou bien encore celle des octrois des villes ? Evidemment, l'auteur subit un entraînement que connaissent bien les travailleurs qui ont fait de longues recherches dans un important dépôt d'archives : il ne voulait pas sacrifier les notes intéressantes qu'il avait eu l'occasion de prendre. Il comptait les rattacher par un lien artificiel et par des transitions peu heureuses à l'objet principal de son livre ; ainsi ayant à parler dans le douzième chapitre du Livre Ier consacré aux Commissaires du Roi, des commissaires tirés du Parlement et de la Chambre des Comptes, il avait l'intention de faire entrer dans ce chapitre non pas seulement des notices individuelles sur ces commissaires et sur les actes qu'ils accomplirent, mais toute une histoire des deux cours souveraines. Il ne resta pas fidèle au plan exposé en 1754. A mesure que son travail avançait,

(1) Ce chapitre est devenu le quatrième du livre I dans le classement que nous avons donné aux notes et papiers de l'abbé de Pontbriand (voir *infra*).

de nouveaux chapitres et de nouvelles digressions venaient modifier le projet primitif.

L'abbé de Pontbriand mourut avant d'avoir achevé son livre. Les fragments de son œuvre et les matériaux qu'il avait réunis furent déposés au Greffe des Etats le 6 mai 1767 ; le substitut du Procureur général syndic des Etats, Maître Geslin, avait réclamé ce dépôt sous prétexte que le défunt ayant été autorisé à faire des recherches dans les archives de l'Assemblée, on pouvait supposer que des documents appartenant à la province se trouvaient dans sa bibliothèque. En fait, tous les papiers existant au domicile du défunt étaient sa propriété personnelle. Ils furent cependant remis au substitut conformément à cette déclaration du représentant de l'héritier (1) : « Dans le droit, la demande dudit Me Geslin ne pourrait être fondée, lesdits papiers appartenant à la succession et ne pouvant être considérés comme des titres appartenant aux Etats, étant le produit des travaux et des recherches du feu Sr abbé de Pontbriand, mais l'héritier, flatté des distinctions honorables accordées par les Etats au feu Sr abbé de Pontbriand pendant qu'il a vécu, ne refusera point de remettre aux Etats lesdites notices et mémoires . . » Le greffe reçut ainsi une trentaine de registres et treize cartons qui portaient quelques titres sans grand rapport avec le projet présenté en 1754 ; les greffiers des Etats et leurs successeurs, les archivistes d'Ille-et-Vilaine, tentèrent parfois de les classer. Nous avons repris cette besogne assez délicate et donné aux « *Papiers de Pontbriand* » ce classement qui se rapproche autant qu'il était possible du plan que suivait l'historien pendant les dernières années de sa vie :

LIVRE PREMIER — *Organisation des Etats.*

Chapitre 1. — Privilège de la Province (Rédaction incomplète et quelques notes). — Mémoire sommaire sur les Etats (Réd. complète). — Abrégé historique des tenues de 1567 à

(1) Cet héritier était Claude-Toussaint-Louis du Breil de Pontbriand, né en 1750, neveu du défunt ; il était représenté à l'inventaire par son tuteur onéraire, Yves Reslou de la Tizonnais.

BIBLIOTHÈQUE NATIONALE R.F. IMPRIMÉS

1604 en ce qui concerne les affaires du Roi et les privilèges de la province.

Chap. 2. — Commissaires du Roi aux Etats : gouverneurs, lieutenants-généraux, etc. (Réd. inc. et listes).

Chap. 3. — Les Trois Ordres (Réd. complètes et notes).

Chap. 4. — Officiers des Etats. Procureurs généraux syndics (Réd. comp.). Substituts (Réd. inc.). Greffiers, greffe et archives des Etats (Réd. inc. et notes). Autres officiers : hérauts, huissiers, notaires, etc. (Notes).

Chap. 5. — Députés des Etats : députés intermédiaires, députés en cour, députés à la Chambre des Comptes (Réd. comp. et notes).

Chap. 6. — Police intérieure des Etats (Réd. inc. et notes).

LIVRE DEUXIÈME. — *Travaux des Etats.*

Chap. 1. — Don gratuit ou secours extraordinaires (Réd. inc.).

Chap. 2. — Fouages (Réd. comp. et notes).

Chap. 3. — Droits sur les boissons et droits y joints (Réd. comp.).

Chap. 4. — Domaine du Roi et droits domaniaux ; aliénations et racquits (Notes).

Chap. 5. — Le Trésorier ; vérification de ses comptes (Réd. inc., notes, analyse des comptes).

Chap. 6. — Matières financières diverses : impôts et billots, taxes sur les villes, 8.800 l. de l'ordinaire; pancartes des ports et havres, don des restes (Réd. très incomp. et notes).

LIVRE TROISIÈME. — *Cours et Tribunaux.*

Chapitre unique. — Parlement, Chambre des Comptes, juridictions royales et seigneuriales (Réd. incomp. et notes).

Le versement du 6 mai 1767 comprenait aussi les brouillons de l'inventaire des archives des Etats, des tables et des registres sur lesquels l'auteur avait transcrit les notes prises au cours de ses recherches ; ces volumes et ces documents forment une masse plus volumineuse que les matériaux du *Traité historique*, mais à l'exception de la *Table chronologique de l'Inventaire* (1), ils ne présentent pas un grand intérêt. Les lecteurs consulteront avec plus de fruit le vieil inventaire de 1732, continué jusqu'en 1789 par les greffiers successifs (2), ou l'inventaire analytique du « fonds des Etats de Bretagne » par MM. Quesnet et Parfouru, archivistes d'Ille-et-Vilaine, publié en 1892 (3) ; ils feront mieux encore de se reporter aux documents eux-mêmes, conservés aux Archives d'Ille-et-Vilaine, qui sont complètement et méthodiquement classés.

Ainsi qu'on a pu le constater plus haut, quatre chapitres du *Traité* sont complètement rédigés. Les autres parties de l'ouvrage sont représentées par des brouillons et par des notes. Comme beaucoup de travailleurs habitués à consulter les documents originaux et aimant à prendre des notes, des fiches ainsi que l'on dit aujourd'hui, l'abbé de Pontbriand avait beaucoup de peine à rédiger et surtout à adopter une rédaction définitive. A peine avait-il écrit un premier brouillon que la découverte de renseignements nouveaux lui faisait raturer et surcharger son texte primitif qui devenait bientôt absolument informe. Il recommençait alors une nouvelle rédaction, mais celle-ci avait le même sort que la première ; il y a des chapitres pour lesquels on a ainsi cinq ou six brouillons sans texte définitif. L'auteur découragé par tous ces essais laissait inachevé le chapitre qu'il avait commencé et passait à un autre sujet sur lequel il croyait posséder la vérité complète. Au 2e chapitre du premier livre, les notices s'arrêtent à 1596 pour les lieutenants généraux des huit évêchés, et à 1632 pour les lieutenants généraux du pays nantais ; la série des gouverneurs de

(1) Papiers Pontbriand, liasse 7.

(2) Arch. d'Ille-et-Vilaine, C. 2707-2709 et 2747.

(3) Inventaire sommaire des Archives d'Ille-et-Vilaine, série C, tome II. On trouvera dans le tome III (sous presse), l'inventaire des dossiers des trois grandes Commissions des Etats : Commission intermédiaire, Commission de la navigation intérieure et Commission des domaines et contrôles ; le tome IV renfermera l'analyse des registres et papiers de la Trésorerie des Etats.

Bretagne, plus incomplète encore, ne comprend que les prédécesseurs du duc de Mercœur. L'abbé de Pontbriand s'était particulièrement appliqué à bien connaître l'histoire des officiers des Etats (chapitre 3 du livre premier); il fit imprimer la notice sur les procureurs généraux syndics qui jouèrent un rôle si intéressant dans l'administration de la province. L'exemplaire qu'il offrit à l'assemblée de 1754 existe encore aux Archives d'Ille-et-Vilaine : ce travail de 36 pages in-folio, très substantiel et très documenté, mériterait d'être réimprimé (1) ; il devait être complété par une étude analogue consacrée aux substituts des procureurs, divisée en deux parties, la première traitant de la charge des substituts, la deuxième donnant des notices individuelles sur tous les substituts. Cette deuxième partie, seule, a été écrite.

Les lacunes du *traité historique* sont parfois plus apparentes que réelles. Pour tout ce qui concernait l'organisation des Etats, l'auteur voulait d'abord donner les renseignements les plus complets sur chaque charge, sur chaque rouage administratif ou législatif, sur son histoire et ses attributions et sur les actes des personnes qui les avaient remplies ; il comptait ensuite donner la biographie des titulaires en suivant l'ordre chronologique. Lorsqu'un chapitre a été complètement rédigé, on constate que les deux parties se répètent : presque tous les renseignements que l'on trouve dans la première partie se retrouvent, mais dans un autre ordre, dans la deuxième. Si l'œuvre avait été achevée, on aurait eu pour chaque question un petit traité de droit administratif, orné de nombreuses digressions et suivi d'une sorte de chronique chronologique assez sèche.

On comprendra la façon d'opérer de notre auteur en lisant l'analyse de l'un de ses meilleurs chapitres : « *Des trois Ordres, de la Noblesse, de l'Eglise et du Tiers, et de leur assistance aux Etats.* »

(1) Il est publié à la suite (p. 9-45), de *Présentation aux Etats de l'extrait de leurs registres depuis 1732, accompagné d'une table et projet d'une histoire des Etats depuis 1567 jusqu'en 1754*, par G.-M. du Breil de Pontbriand, Rennes, J. Vatar, 1754, 46 pages, petit in-folio.

Première partie : *De l'Ordre de l'Eglise.* — Six divisions : A. Quels sont ceux qui composent l'ordre de l'Eglise. — B. Présidence et Préséance. — C. Des bénéfices en Bretagne. — D. De la régale. — E. Des expectatives. — F. Des biens ecclésiastiques. — Il est clair que les deux premières divisions sont les seules qui rentrent exactement dans le sujet. La régale et les expectatives ne se rattachent à l'histoire des Etats que par les vœux et les doléances que ces matières purent inspirer ; ce que nous en dit Pontbriand est d'ailleurs instructif; et c'est peut-être ce qui a été écrit de plus intéressant en Bretagne, non seulement sur la régale et les expectatives, mais sur la nomination aux bénéfices, l'indult, les décimes, l'aliénation des biens ecclésiastiques. Par contre, on ne trouve rien sur le rôle joué aux Etats par l'ordre de l'Eglise en général, ou par tel ou tel prélat ou abbé en particulier. Dans ce chapitre comme dans tous les autres, l'abbé de Pontbriand n'a pas écrit une *Histoire*, mais, ainsi que veut l'exprimer le titre choisi, un *Traité historique ;* il fait connaître, suivant une expression de Saint-Simon, la *mécanique* des Etats, leur recrutement, la forme de leurs réunions, la composition de leurs commissions, leurs méthodes de travail et les actes administratifs qu'ils ont accomplis. Comme Saint-Simon encore, et comme tous ses contemporains, il attache aux questions de forme et de préséance une importance qui paraît aujourd'hui un peu surprenante. Il décrit avec minutie le costume traditionnel des ecclésiastiques appelés aux Etats ; il raconte bien longuement le séculaire conflit entre les évêques de Dol et de Rennes, qui se disputaient la présidence de leur ordre.

Deuxième partie : *De la Noblesse.* — Dix divisions : A. De ceux qui composent l'ordre de la noblesse. — B. De la présidence dans l'ordre de la noblesse et premièrement de l'opinion qui a réduit le nombre des baronnies à neuf. — C. Des baronnies qui donnent actuellement le droit de présider. — D. Des quatre baronnies dont les droits sont anéantis. — E. Quelques observations au sujet des baronnies et des barons. — F. Si les seigneurs issus du sang des ducs, d'une part, et les comtes, de l'autre, ont droit de siéger avant les barons. — G. Si les bannerets ont présidé de droit en l'absence des barons. — H. Des présidences par élection dans l'ordre de la noblesse. — I. Du doyen de la noblesse et des pensionnaires gentilshommes. — J. Des nouveaux nobles et de la réformation de la noblesse.

Dans cette deuxième partie, les questions de préséance occupent une place prépondérante. La vieille légende des neuf baronnies de Bretagne et les prétentions de leurs possesseurs sont étudiées à fond. C'était une question brûlante et qui passionnait fort les gentilshommes bretons : en 1651 elle avait failli provoquer une sorte de guerre civile. Pontbriand a cherché la vérité et a exposé le résultat de ses recherches avec une modération et une logique remarquables. Reprenant la thèse de Dom Lobineau, il a démontré la fausseté d'un acte d'un prétendu duc Yvon et la supercherie d'une addition à l'assise d'Alain Fergent de 1068. En ce qui concerne les prétentions de la Maison de Rohan, qui voulait se rattacher à Conan Mériadec, il n'a pas osé se prononcer de façon catégorique. Il se tire d'affaire, si l'on peut dire, en consacrant une phrase à double entente à la Maison de Rohan « sortie des anciens comtes de Vannes ou de quelque autre prince souverain en Bretagne... » ; il ne s'arrêtera pas « à montrer par combien d'endroits les Etats étaient tenus à admettre la protestation de la Maison de Rohan contre la nouvelle histoire de Bretagne ».

Toutefois ces fastidieuses discussions à propos des préséances et de la présidence n'ont pas complètement retenu l'attention de l'auteur : des renseignements sur des questions plus intéressantes peuvent être découverts dans les digressions qui lui sont coutumières. Quelques lignes sont consacrées au doyen de la noblesse dont les seules prérogatives légales étaient d'être placé au bout du banc le plus rapproché du président de la noblesse et de faire mettre à cette place un morceau de drap vert. En fait, l'honneur de s'asseoir sur un morceau de drap vert n'était pas le seul avantage attaché au décanat de la noblesse, le titulaire « attrapait » généralement quelque pension. L'auteur saisit cette occasion de traiter des pensions que les Etats octroyaient avec une trop célèbre libéralité.

TROISIÈME PARTIE : *De l'ordre du Tiers.* — Trois divisions : A. De l'assistance du Tiers aux Etats. — B. Des prérogatives, des préséances et de la présidence dans l'ordre du Tiers. — C. De l'établissement de l'octroi des villes. — On sait que le Tiers-Etat de Bretagne était à peine représenté aux Etats et que ses députés y jouaient un rôle très effacé. Mais comme les clercs et les nobles, les membres du Tiers appelés aux Etats consacraient à la conservation de certaines prérogatives honorifiques particulières une vigilance et une énergie qu'ils auraient pu sans doute mieux employer. Comme toujours, l'abbé de Pontbriand donne sur ces matières des renseignements détaillés ; nous citerons les lignes qu'il consacre à un curieux privilège des députés de Nantes, de Brest et de Saint-Malo, parce que ce privilège avait une origine particulièrement honorable :

« Une prérogative des députés de Nantes et des députés de Brest est d'entrer aux Etats l'épée au côté. Les fonctions militaires qu'exercent la plupart des habitants de ces villes maritimes lorsqu'ils montent des vaisseaux, leur ont fait attribuer cette distinction. Ils en jouissent depuis longtemps sans autre titre que de l'avoir demandée. Elle n'étoit pas moins due aux habitants de Saint-Malo qui s'étoient si fort distingués dans les dernières guerres par leurs armements en course. S. A. S. Mgr le comte de Toulouse en écrivit en 1715 à M. le maréchal de Chateaurenault et les Etats ne balancèrent pas à leur accorder la liberté de prendre désormais en séance l'épée au côté. »

Le chapitre *sur l'Ordre du Tiers* — ordre sacrifié — n'est pas exempt d'erreurs (1) ; il est beaucoup plus court que ceux qui traitent des deux premiers ordres, et le troisième paragraphe (*De l'établissement des Octrois...*) qui se relie assez mal aux dissertations sur les droits du Tiers, n'a pas été complètement terminé. Une copie partielle de ce livre est conservée à la Bibliothèque de Rennes (2) ; c'est presque

(1) D'après notre auteur, la ville de Dol n'aurait pas été représentée aux Etats avant 1577 ; or, des députés dolois comparurent en 1567. (Cf. Duine, *Histoire du Livre à Dol*, dans les *Annales de Bretagne*, juillet 1906).

(2) Mss. No 340.

la seule partie de l'œuvre de l'abbé de Pontbriand qui a été signalée par quelques écrivains.

*
* *

Ainsi qu'on l'a vu plus haut, deux chapitres du deuxième livre ont été menés par l'auteur jusqu'à leur forme définitive. Ils traitent de matières importantes : les fouages et les impôts sur les boissons. Des exemplaires de ces mémoires furent offerts aux Etats ; ils sont cités comme particulièrement utiles par M. de Guerry de Bourgon, le chevalier Le Provost de la Voltais et M. de la Bintinaye, greffier, qui rédigèrent, en 1781, par ordre des Etats, un précis alphabétique des mémoires et pièces déposés au Greffe (1).

Ces traités de droit fiscal ou d'administration financière furent souvent consultés par les successeurs de l'abbé de Pontbriand à la commission intermédiaire : ils échappent malheureusement à l'analyse et nous ne pouvons qu'en recommander la lecture aux travailleurs qui voudront connaître l'état de la province et l'histoire de son administration aux XVIIe et XVIIIe siècles.

C'est un aspect de l'histoire de Bretagne qui a été jusqu'ici relativement négligé. Depuis cent ans on est porté à n'apercevoir que le rôle politique des Etats, leur opposition parfois fondée et courageuse, parfois malencontreuse, quelquefois déplorable aux demandes du chef de l'Etat. Certes, Pontbriand n'a pas négligé de rappeler comment ses devanciers et ses contemporains défendirent les droits de la Bretagne, ou, suivant une expression qui n'avait rien d'odieux à cette époque, les *privilèges* de l'ancien duché ; mais il est bon français et bon sujet du Roi. Les Etats de la Ligue ne sont pas pour lui les « vrais Etats » ; il approuve les mesures de précaution plus ou moins légales prises à l'encontre des anciens ligueurs ; il n'a pas d'éloges pour les quelques bretons qui appelèrent l'étranger en Bretagne afin de trancher un différend d'ordre financier. En général, l'histoire politique

(1) Archives d'Ille-et-Vilaine, C. 2734-2735.

paraît l'intéresser peu et elle ne retient pas son attention ; connaissant à fond l'histoire des Etats, il savait quel était leur rôle essentiel et utile : Ce n'était pas de « faire de la politique », mais de travailler à l'assiette et à la répartition des impôts et de collaborer à l'administration du pays.

La publication même partielle du *Traité historique des Etats de Bretagne*, quelque incomplet que soit cet ouvrage, serait fort utile aux historiens bretons. Tous les travailleurs connaissent le nom glorieux des Etats et ils connaissent leurs luttes contre les empiètements du pouvoir absolu ; mais que sait-on de leur œuvre administrative et des services qu'ils rendirent à la Province ? On connaît les noms de quelques membres du second des Trois Ordres qui furent de bruyants opposants, des « bastionnaires, » comme on disait jadis, citoyens courageux certes, mais quelquefois brouillons ou irréfléchis. Par contre, on ignore les noms des députés qui dans les commissions faisaient du travail utile. Ces prêtres, ces gentilshommes, ces magistrats municipaux étaient tous également pleins de bonne volonté et également désintéressés (les fonctions des commissaires et des rapporteurs étaient gratuites) : ils étudiaient et résolvaient les difficultés que présentaient l'administration domaniale, ou la répartition des impôts, ou la création des haras ou des canaux. En rapports quotidiens avec l'Intendant, ils ne lui faisaient pas une opposition irréfléchie et constante, mais ils collaboraient avec lui à l'administration de leur province. L'abbé de Pontbriand fut un de ces bons serviteurs du pays et son *Traité* est le témoignage de son dévouement pour le bien public en même temps que de son zèle pour les recherches historiques.

Henri Bourde de la Rogerie.

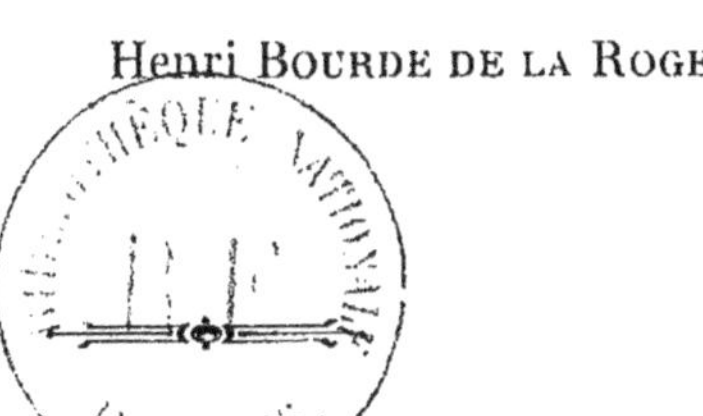

3-14. — Saint-Brieuc, Imprimerie René PRUD'HOMME.

www.ingramcontent.com/pod-product-compliance
Lightning Source LLC
LaVergne TN
LVHW050516160826
845677LV00003B/1177

* 9 7 8 2 3 2 9 6 3 6 1 4 6 *